AF224215

AU DIRECTOIRE EXÉCUTIF DE LA RÉPUBLIQUE FRANÇAISE,

ULIEN MINIER, Agent municipal de la Commune de Pordic, au Canton d'Etables, Département des Côtes-du-Nord.

La garantie sociale ne peut exister, ... si la responsabilité des fonctionnaires publics n'est pas assurée. *Déclaration des droits, Art. XXII.*

CITOYENS DIRECTEURS,

J'AI été persécuté, je réclame justice; j'ai souffert, je veux réparation; j'ai reçu un affront, e demande vengeance. J'ai été opprimé, tourmenté, humilié ; et mes persécuteurs sont des hommes, à qui la Loi impose la nécessité d'être justes ; ce sont des Fonctionnaires, des Administrateurs, dont la modération et l'impartialité sont les premiers devoirs.

Je sais tout ce qu'on doit d'égards à une autorité respectable, en quelques mains qu'elle se trouve. Mais quand celui qui en est revêtu, la dégrade en en mésusant, la seule manière de l'honorer, est de vouloir la punition de l'abus qu'il en fait.

S'il ne s'agissait que de moi, sans rapport à la chose publique, il m'en coûterait peu d'immoler mon ressentiment ; je ne viendrais pas détourner, sur une affaire personnelle, l'attention que doivent absorber les grands intérêts de l'État ; et dédaignant sans peine une injure non méritée, je bornerais ma facile vengeance à la honte de mon ennemi, et j'aurais pour dédommagement, la conscience de l'homme de bien.

Mais l'injustice dont je suis l'objet, est une violation des droits du Peuple, un attentat à sa constitution, et ma cause est la cause commune.

La nature du délit, le caractère des coupables, l'élévation des juges, toutes circonstances, qui, sous la monarchie, eussent fait au mal-

eureux un crime de ses plaintes, sont pour
i, dans la République, un motif d'élever la
oix. Sous le niveau sacré des Lois, la sainte
galité n'est point une chimère. Tout ploie,
ut fléchit devant elles. Protectrices ou ven-
eresses sans acception de personnes, si elles
rétent à l'Administrateur leur puissance,
ontre la bizarrerie ou l'orgueil de l'administré,
les arment l'administré de toute leur force,
ontre la tyrannie de l'Administrateur. Couvert
e leur égide et fort de leur appui, loin donc
être découragé par ma propre faiblesse, je
e sens la noble hardiesse de l'homme qui
arle à ses semblables, et la cnofiance du citoyen
ii s'adresse à ses Magistrats.

CITOYENS DIRECTEURS, pour mettre en tout son
ur, la persécution dont j'ai failli d'être victime,
dois Vous exposer une suite de faits, peu
téressans par eux mêmes, mais très impor-
ns à ma cause. Tous Vos momens sont trop
écieux à la Patrie, pour Vous en faire perdre
i seul à écouter de vains discours. Je vais
réger mon récit.

Je ne dirai point que, dès l'aurore de la Liber-
, mon cœur palpita pour elle ; homme et
ançais, je devais l'adorer. Je ne rappellerai
int que, soumis sans reserve aux Lois, j'ai

toujours sû également y obéir et les exécuter ; ce n'est point un mérite, puisque c'est un devoir. Je n'ajoûterai point que, toujours les mêmes en tout tems, mes sentimens et mes principes sont sortis purs et sans atteinte, des crises de la révolution ; pourrais-je tirer vanité de n'être ni fou, ni frivole? Oui, je l'avoue sincèrement, je n'ai fait que ce que j'ai dû faire ; et ma vie publique et privée, n'est que celle de tout honnête homme et de tout bon citoyen.

Convaincus de ma probité, de mon patriotisme et de mon zèle, mes concitoyens me donnèrent, dès le principe, une part à l'honneur de les administrer ; et depuis 89, j'ai été, tour-à-tour et sans interruption, notable, officier municipal et agent de ma Commune.

Lorsque le Peuple réuni en assemblées communales et primaires, commença de mettre en activité la sage Constitution qui nous régit, je fus nommé agent, à une immense majorité de suffrages. Le sort m'ayant, en ventôse dernier, désigné pour un des membres sortans de la municipalité de Canton, les habitans de Pordic me réélûrent, en un seul tour de scrutin, à la pluralité de trois cent quarante sept voix, sur cinq cent trente neuf. Mon dévouement à la République, qui n'était que l'amour de mon

(5)

voir, me mérita ces preuves multipliées de
nfiance, et me valut, en même tems, la
ine de ce parti devenu trop nombreux, qui
it avec chagrin, la plus petite portion d'auto-
té en des mains qui ne lui sont pas toutes
vouées.

Je me présente à l'Administration munici-
le, avec le procès-verbal de mon élection. On
emarque que l'Assemblée-communale, com-
sée de 559 votans, devait se diviser en trois
reaux, et n'en a formé qu'un (1). Sur cette
ntravention, qui rendait les opérations de
tte Assemblée, non pas nulles, mais seule-
ent moins régulières, on méprise le vœu du
euple, et l'on déclare qu'on ne me reconnait
s.

Malheureusement pour les meneurs, l'As-
mblée de St. Quai, autre commune du même
anton, avait commis une faute plus grave ; car
le avait nommé, par un seul et même scrutin,
n agent et son Adjoint (2). L'Agent qu'elle

____

(1) Loi contenant instruction, du 5 Ventose, an 5. *Chapitre 2*,
ct. 4.

(2) La Loi ne prononce point de nullité dans ce cas là ; ainsi, l'on
peut rigoureusement dire qu'il y en ait. Mais il est clair que le
oyen qui s'y trouve, est moins évidemment l'agent de St. Quay,
e je ne suis celui de Pordic. J'ai été nommé par un scrutin indivi-

s'était choisi n'était point désagréable, et on ne
voulait pas l'écarter. Mais on ne pouvait me
rejetter et l'admettre, sans montrer une partia-
lité révoltante. On prend le parti de nous admettre *provisoirement* tous deux, en attendant
que l'Administration-centrale ait prononcé.

l'Administration-centrale, qui n'avait rien à
direct n'avait pas le droit de délibérer, délibère
pourtant, invite la Municipalité d'Etables à
soumettre la question au Corps-législatif, et
lui *prescrit* de s'adjoindre des membres jusqu'à
la décision.

Je proteste contre cette violation évidente
de l'Acte Constitutionnel; je prouve la fausse
aplication de l'article 188 sur lequel on se fonde;
je fais voir la question décidée par la Législature passant à l'ordre du jour sur les opérations
de l'Assemblée de Valenciennes, arguées pré-
cisément de la même nullité; et pouvant être,
ou pour mieux dire, étant l'élu du Peuple, je ne
veux point courir la chance d'être ou de n'être
pas l'homme de ses administrateurs.

---

duel qui ne laisse aucun doute; et lui, ne l'a été que par un scrutin
de liste, au moins, très équivoque, quand il s'agit de deux citoyens
non associés, en même temps, à une même fonction. Relativement
à moi, le vœu du Peuple est bien connu: c'est tout ce qu'exige la
Constitution. Par rapport à lui, l'intention du Peuple est douteuse;
cela est contraire aux principes.

Je parlais à des gens bien décidés à ne pas entendre. On procède à l'adjonction provisoire, on conserve l'Agent de St. Quai, on m'exclut, et l'on donne pour Agent à la Commune de Pordic, un homme auquel, dans aucun tems, pas un citoyen de Pordic n'a songé.

Il me restait, croyais-je, une ressource dernière et prochaine. l'Administration-centrale mieux instruite, ne souffrira pas, me disais-je, qu'on ose violer plus longtems une Constitution remise à sa fidélité (3). Je réclame auprès d'elle; mon Adjoint réclame avec moi. Vaines tentatives! l'Administration centrale circonvenue, *arrête* que l'adjonction provisoire *est confirmée, et qu'elle aura son exécution.*

Je cède à la violence des hommes, espérant dans la force des Lois. Je me retire, et je remets à mon adjoint les clefs du bureau de l'Agence.

Le soi-disant Agent veut les tenir de ma main. Je ne puis consentir à un acte, dont on pourrait conclurre mon propre acquiescement à ma destitution. La prudence exige, d'ail-

---

(3) » Le Peuple français remet le dépôt de la présente Constitu- » tion à la fidélité du Corps - législatif, du Directoire - exécutif, des » Administrateurs et des Juges. . . . . » *Art. dernier de la Cons- titution.* Administrateurs des Côtes - du - Nord , quel grand devoir ! et comment l'avez-vous rempli?

leurs, que cette remise ne soit point solemnelle ; car les habitans de Pordic murmurent
de voir tromper leur vœu, et je crains un soulévement.

La Municipalité, partageant la mauvaise
humeur et les prétentions de sa créature, me
dénonce aussitôt comme refusant clefs et ré-
gistres, et m'accuse même de soustraire des
papiers.

l'Administration supérieure, qui tient toujours pour avéré, tout ce qu'on lui dit contre
moi, me fait intimer, par un gendarme, l'ordre
de remettre les papiers, régîtres et pièces, et me
menace de me traduire devant les tribunaux.

Je lui écris naïvement ce que j'ai fait, ce que
j'ai crû devoir faire. J'affirme avoir tout remis
à l'Adjoint et interrompu les fonctions qui me
sont déléguées. J'ajoûte que je suis prêt à
poursuivre, comme calomniateur, quiconque
oserait avancer que j'ai soustrait le moindre
titre. Cette explication, toute franche et toute
satisfesante qu'elle est, ne peut ouvrir des yeux
que la prévention a fermés.

La Municipalité d'Étables, dont la menace de
poursuites criminelles flatait la haine, saisit
avidement ce nouveau moyen de l'assouvir. Bien

assurée de son crédit dont elle a tant de fois abusé, de son pouvoir dont elle a fait la preuve, et sachant qu'elle n'a qu'à parler pour étre crue; elle mande à l'Administration Départementale, que je m'obstine dans mon refus; me qualifie d'*ex - Agent de Pordic*, comme si sa volonté seule avait pu effacer en moi un caractère indélébile ; et lorsqu'il est matériellement prouvé que l'homme de son choix, est , depuis plusieurs jours, ressaisi de tous les papiers, elle a l'impudeur d'assurer que je n'en ai remis aucun. (4)

Alors, l'Administration-centrale ne balance plus. Sans se mettre en devoir de vérifier les faits, sans m'interroger, sans m'entendre, sans s'effrayer de la nouvelle atteinte qu'elle va porter à la Constitution , elle me dénonce comme désobéissant et comme séditeux ; le mandat d'amener est lancé, le mandat d'arrét lui succède, et je suis jetté dans les fers (5).

---

(4) Tant d'impudence et de noirceur étonneraient, même dans un malhonnète homme. Elles doivent paraître incroyables dans une réunion d'hommes *choisis*. On n'y croirait pas, en effet, si l'on n'en avait les preuves écrites. Mais ces preuves existent, elles sont claires , irréfragables, et je les communiquerai au Directoire. Il en sera parlé plus bas.

(5) Au moment où l'on m'emprisonne, moi, scrupuleux observateur des Lois de la Patrie, moi qui l'aime de tout mon cœur et l'ai

Ainsi donc, sous l'empire fortuné d'une Constitution protectrice, l'innocence et la probité ne mettent point à l'abri de la persécution ; ainsi, dans un Gouvernement dont la sollicitude s'étend aux derniers citoyens, la faiblesse, l'obscurité, une conduite irréprochable, ne sont point un rempart contre la calomnie ; ainsi, dans une République fondée sur les imprescriptibles droits de l'homme, chez un Peuple qui put si énergiquement vouloir et conquérir sa liberté, la sûreté, la vie, l'honneur, sont le jouet des passions viles, le vrai patriotisme est un titre de proscription et l'autorité tutélaire prête son apui à la vengeance ! . . . . . .

Mais non ; cette inconséquence, ces maux, déplorables effets de circonstances passagères, ne sont plus tolérés, et ne resteront point impunis. La Loi, impassible et sévère, demande à l'homme en place, un compte rigoureux de

____

servie de toutes mes forces, un homme qui s'est armé contr'elle, un émigré reparaît à l'ordic où il habitait autrefois. Mis en arrestation et sur le point d'être jugé, il réclame auprès de l'Administration, qui, résistant à toutes les preuves, ordonne sa radiation provisoire. Et cet homme est bien émigré, bien prouvé, bien reconnu tel. Lorsqu'en 92 l'armée prussienne entra à Verdun, ce chevalier errant, qui se croyait sûr de son coup, envoya, *de Coblertz*, pour nous faire peur, le fameux manifeste du Duc de Brunswick. Ni lui, ni moi ne présumions alors, qu'en 97, il eût trouvé tant de facilité, et moi tant de rigueur dans une autorité républicaine.

ses moindres actions ; et le magistrat prévarica-
teur n'est à ses yeux qu'un grand coupable.

Ce n'était pas la seule épreuve que mon courage devait subir. Au moment où mes ennemis,
acharnés à ma perte, réunissent tous leurs ef-
forts et se disposent à consommer leur crime,
j'aprends que, de trois fils, espoir chéri de ma
vieillesse, deux sont morts en combattant pour
la Liberté, pour cette Liberté, hélas ! que je
n'ai plus. Le troisième, engagé dans l'armée
navale, a peut-être subi le même sort : depuis
plus d'une année d'absence, j'ignore ce qu'il est
devenu. Généreux et dignes enfans, héros qui
me deviez le jour, quand vos bras repoussaient
les nombreux soldats de l'Autriche, quand vous
succombiez sous leurs coups, quand vous mou-
riez pour la Patrie, des hommes que vous avez
défendus, que vous avez sauvés, qui recueille-
ront paisiblement les fruits d'une victoire dont
vous ne jouirez pas, des Français, vos concitoyens, abreuvaient d'amertume votre malheu-
reux père, se disputaient, comme un titre de
gloire, l'horrible droit de l'affliger : il le pros-
crivaient, l'outrageaient, il le plongeaient dans
les cachots, ils lui préparaient des suplices !

Ni mon amour pour mon pays, ni la gloire de
mes enfans, ni ma douleur de les avoir perdus,

rien de ce qui peut intéresser les cœurs vertueux et sensibles, ne saurait calmer la fureur de mes implacables ennemis. Ils triomphent, ils se félicitent du promt succès de leurs manœuvres ; ils se flattent qu'un tribunal va consacrer leur iujustice. Il est perdu, disent-ils avec une joie cruelle: le crime dont nous l'accusons, est de nature à mériter *peine afflictive ou infamante.*

Peine afflictive ou infamante! Quoi! cet homme probe et paisible, à qui une vie sans reproches a mérité sans cesse l'estime de ses concitoyens, terminerait honteusement son honorable carrière, et subirait la punition reservée aux scélérats? Ce père de famille, qui encouragea ses trois fils à s'armer pour la cause commune, qui leur prescrivit un devoir qu'ils ont si bien rempli, qui les voua lui même à une mort glorieuse, ce père courageux ne serait qu'un infâme, et sont front aurait à rougir?. . . Vous êtes indignés, Citoyens Directeurs; Vous ne concevez pas qu'on puisse jusques là pousser l'acharnement, contre un homme dont on n'a point à se plaindre. Moi même j'ai peine à le croire, après l'avoir éprouvé.

Cependant, les Administrateurs d'Étables, non contens d'une seule calomnie, en fabriquaient une seconde, afin de me perdre plus sûrement. A l'inculpation d'avoir refusé les régîtres, ils ajoûtaient l'accusation d'avoir voulu exciter une révolte. Voici le fait qui y donnait lieu.

J'avais eu le courage de faire publier les arrêtés pris contre moi par l'Administration-centrale. Après la lecture du dernier, je distinguai, à travers un murmure confus, plusieurs voix qui disaient : « il est affreux de nous ôter l'Agent que nous avons choisi, pour nous en donner un que nous ne voulons pas ». *Que dois-je et que puis-je faire à cela*, répondis-je ? Alors, chacun se tut, et tout le monde se retira. Cet acte généreux, ces paroles si naturelles, et j'ose même dire si soumises, sont présentées à l'Administration-centrale, comme un apel au Peuple rassemblé, et comme une provocation au soulévement.

Si la publication des Arrêtés de l'Administration supérieure, eût été une chose extraordinaire, insolité, peut-être celle des délibérations qui me concernaient, aurait pu jusqu'à certain point, justifier les soupçons de l'ombrageuse Municipalité (6). Mais elle ne l'ignore

____

(6) *Des soupçons ?* Vraiement, les Administrateurs n'en demeuraient pas là. Ils voyaient bien clairement que j'avais *cherché à pro-*

pas; depuis le commencement da la révolution, il n'est parvenu à Pordic, aucune Loi, aucun ordre, aucun arrêté, qui n'y aient été promulgués à l'issue des cérémonies religieuses. Il est vrai que cet usage, ou plutôt, ce devoir, qui devrait s'observer partout, n'est rempli presque nulle part; et voilà probablement ce qui étonnait l'Administration-centrale : mais on aime à entendre les Lois, là où l'on prend plaisir à les exécuter.

Les Arrétés dont il s'agit, ont été lus au lieu, à l'heure, à la manière accoutumée. Il était nécessaire qu'ils le fussent, pour que les habitans de Pordic, à qui ce coup d'autorité paraissait incroyable, ne doutassent plus que la volonté absolue de l'Administration était de me suspendre. Je les ai fait lire moi même; c'était, jusqu'au dernier moment, l'une de mes obligations : mais il n'appartient qu'aux âmes fortes, de sentir ce qu'il y a de grand dans l'accomplissement d'un tel devoir.

Quant à ma réponse à ceux de mes concitoyens qui fesaient éclater un mécontentement, assurément bien juste, elle n'était, dans mon

---

duite un soulevement et à occasionner des troubles ; ce sont leurs propres expressions. Hommes honnêtes et de bonne foi, à qui il m'est permis d'exposer ma conduite, y voyez-vous rien de pareil ?

intention, comme dans l'acception des termes, qu'une déclaration de me soumettre, sans critique et sans examen. Elle ne signifiait autre chose, sinon, *que voulez-vous ? C'est une force majeure, à laquelle il faut bien céder.*

Enfin le jour arrive, où il va être décidé si je dois subir les rigueurs d'une procédure criminelle. Le Jury-d'accusation s'assemble; il examine la procédure, voit les faits tels qu'ils sont, tels que je viens de les rapporter, et m'acquitte tout d'une voix.

C'est de Vous, Citoyens Directeurs, que j'implore et dois implorer l'appui, pour obtenir réparation de tant d'outrages. Le Corps-législatif, auquel je me suis adressé, me rétablira dans les droits que le Peuple m'a dévolus.

Vous ne doutez plus de mon innocence et de la perfidie de mes accusateurs. Je porterai la conviction à son comble, si je prouve trois choses que j'ai déjà rendu sensibles, si je fais voir que les Administrations locales ont violé la Constitution, l'honneur et l'équité, en me suspendant et en nommant à ma place, en me livrant aux tribunaux sans votre autorisation, en me dénonçant pour des faits évidemment calomnieux.

Je le publie à regret; car il m'en coûte de

dévoiler la forfaiture de magistrats qui obtin-
rent la confiance du Peuple, et qui peut-être
jusques là en etaient dignes. Mais je le dis,
parce que cela est; je le dis, parcequ'il m'im-
porte de le dire; je le dis, parcequ'il faut qu'on
le sache: l'Administration des Côtes-du-Nord
a commis envers moi, deux délits également
graves, abus de l'autorité qu'elle a, et usurpa-
tion du pouvoir qu'elle n'a pas.

Afin de couvrir, au moins, d'une aparence
légale, une opération illégitime, cette Administration, s'étayant de l'article 188 de la Constitution, a cru y trouver les motifs de ses étranges
arrétés. (7) Cette manière de voir, chez des
hommes instruits, prouve à quel point la pas-
sion nous aveugle. Soyons plus calmes, moins
prévenus, et tâchons de mieux raisonner.

Pour donner lieu au *remplacement*, il faut
qu'une Administration *perde* un ou plusieurs
de ses membres. En suposant ma nomination
nulle (suposition qu'il n'était pas permis de
faire), l'Administration d'Étables ne pouvait
être considerée comme ayant *perdu* un membre,

---

(7) Voici cet article: « Dans le cas ou une Administration
» départementale ou municipale, perdrait un ou plusieurs de ses mem-
» bres, par mort, démission ou autrement, les Administrateurs
» restans peuvent s'adjoindre, en remplacement, des Administrateurs
» temporaires, et qui exercent en cette qualité, jusqu'aux élections
» suivantes. »

mais comme ne l'ayant point encore acquis, et alors, il y avait lieu, non à remplacement, mais à une élection ; non à une mesure d'Adminis-tration, mais à une acte de souveraineté.

Le remplacement a lieu, quand une Admi-nistration perd un ou plusieurs de ses mem-bres, par mort, démision, ou autrement. Cette expression *ou autrement*, n'embrasse point, comme le prétendent nos Administrateurs, le cas où une place non encore occupée, doit être remplie, mais comprend les seuls cas où une place déjà remplie, devient vacante. Le premier n'a point été prévû par la Constitution ; aucun article ne s'y raporte. Le 23e. et le 43e. se bor-nent à attribuer au Corps-législatif, le droit de prononcer sur la validité des Élections, sans statuer sur le remplacement temporaire, sans prescrire, sans indiquer le mode d'y pourvoir, et même sans pressentir que ce remplacement doive avoir lieu. Est-ce intention du Législa-teur? est-ce lacune dans son code? Il est libre à chacun, sans doute, d'agiter ces questions et de les résoudre à son gré: mais nul n'a le droit de porter sa résolution dans la pratique. Si c'est intention, comme il est fort probable, qui oserait la contrarier? si c'est lacune, qui pourrait la remplir?

Mais il n'y a, dans la Loi, ni vide, ni omission, ni équivoque. La preuve qu'elle ne m'était pas aplicable, se tire des termes mêmes dans lesquels elle est conçue. « Dans le cas, y est-il dit, » où une Administration perdrait un ou plu- » sieurs de ses membres, les Administrateurs » restans peuvent s'adjoindre des Administra- » teurs temporaires, et qui exercent en cette » qualité, *jusqu'aux Elections suivantes* ». N'est-ce pas déclarer bien positivement qu'un Corps Administratif n'a la faculté de remplir, que les places dont la vacance doit durer, jusqu'à ce que le Peuple lui même y ait pourvu, c'est-à-dire, aux places dont les titulaires sont morts, démis ou destitués, et non simplement suspendus ? Or, la suspension qu'une Administration locale s'est permis de lancer contre moi, est essentiellement momentanée. Le Corps-législatif peut la lever d'un seul mot. Que dis-je ? il l'a déjà levée, en prononçant, sur des questions toutes semblables, un *ordre du jour motivé*; et je pourrais, dès ce moment, siéger dans l'Administration d'Étables, si la force ne s'opposait à l'exercice de mon droit (8).

---

(8) Cette difficulté, qui n'en est plus une que pour l'ignorance ou la mauvaise foi, s'est présentée assez fréquemment à la Législature; et la Législature l'ayant toujours, comme cela devait être, résolue de la même manière, il semble qu'il ne devrait plus y en avoir pour

Vous le voyez, CITOYENS DIRECTEURS; dans l'hypothèse extrême que mon mandat eut été frapé de nullité, aucun Corps n'avait le pouvoir de le transporter à personne, jusqu'à ce que cette nullité eut été légalement reconnue. Je dis qu'aucun Corps n'avait ce pouvoir, quand même elle eut été nettement prononcée par l'Acte constitutionnel. Et la raison en est claire: c'est que l'Acte constitutionnel, ne comprenant point ce cas là dans ceux où il permet le remplacement, l'en a spécialement excepté. (9)

Je me trouvais dans une position bien plus favorable. J'étais éligible et élu conformément à la Constitution: je remplissais, de mon côté, toutes les conditions qu'elle exige, et les citoyens de Pordic avaient strictement observé les formes qu'elle a déterminées. Ils n'avaient commis d'autre faute, et c'en était une, sans doute, que de négliger une formalité, plutôt indiquée que prescrite, par un réglement, dont

moi. Les Administrations ont eu, par le bulletin des lois, connaissance officielle de ces solutions uniformes. Cette connaissance ne suffit-elle pas? faut-il une décision pour chaque individu? le caractére essentiel de la Loi, n'est-il pas d'être générale? On sait cel; et déjà l'on aurait agi en conséquence, si j'étais l'homme qu'on veud oit.

(9) La maxime si vraie, si raisonnable, *inclusio unius est exclusio alterius*, pouvait être ignorée des municipaux d'Etables: mais les sages Administrateurs du Département la connaissent; et ils auraient du voir qu'elle a ici une parfaite aplication.

l'objet est bien moins d'ajoûter aux formes constitutionnelles, que d'en faciliter l'exécution. Les nullités ne se suppléent point. Cette maxime, nécessaire quand il est question d'intérêts civils, est un axiôme rigoureux quand il s'agit des grands droits politiques. Son infraction qui dans le premier cas, serait une faute, est un délit dans le second.

Que faire cependant, quand la validité d'une élection est contestée? Avant de répondre à cela, il conviendrait de décider deux ou trois questions de la plus haute importance; savoir, à qui il appartient de contester la validité d'une élection ; en quoi consiste bien exactement le droit que s'attribuent les Corps, de discuter les pouvoirs de leurs membres; et à quels signes certains l'on reconnaît qu'un choix fait par le Peuple, est susceptible de contestation.

En suposant ces trois questions, que la Législature seule peut résoudre, et sur lesquelles peut-être la Constitution aurait dû prononcer, en les suposant dis-je, décidées au gré des Administrateurs; il s'en suivra toujours que les choses doivent demeurer telles qu'elles étaient auparavant ; que les Corps administratifs ne peuvent adopter personne, tant qu'une Loi expresse n'a pas déclaré nulle l'opération en litige ; en un mot, ou que l'ancien membre doit prolonger son exercice jusques là, ou que les Administrateurs en place doivent partager entr'eux le surcroît de travail . (10)

L'Administration qui conteste, ne peut nommer ; car elle serait juge et partie. (11) Voilà évidemment pourquoi la Constitution ne permet point le remplacement en ce cas là. Mais nul ne pourrait l'effectuer, que cette Administration même. Donc, il ne saurait avoir lieu.

Eh! s'il en était autrement, voyez quel vaste champ serait ouvert aux cabales, aux passions, à l'intrigue. L'homme en crédit aurait un moyen presque sûr d'éloigner un rival fâcheux ; des Administrateurs, séduits ou corrompus, s'en serviraient pour repousser un collègue désa-

---

(10) Dans cette affaire-ci, il n'y avait pas la moindre surcharge pour mes collègues: mon Adjoint seul portait tout le fardeau. Il est bien effectivement mon supléant, mon substitut ; et c'était une raison de plus, pour ne point nommer à ma place. Je raisonne toujours, comme on voit, dans la suposition qu'on ait eu droit de m'éloigner.

(11) Je prétendais, je pense, avec quelque raison, qu'ayant incontestablement le vœu du Peuple, je devais demeurer en fonctions, jusqu'à la décision du Corps-légis'atif. L'Administration de Département décida que cela ne pouvait être, attendu qu'*il n'apartenait à aucune partie, de se prévaloir d'une opération en litige* : et en même tems, elle confirmait la nomination faite par la Municipalité, qui était ma *partie* adverse. Graves Administrateurs, on peut avoir des préférences ; mais il faut être conséquens.

gréable, substitueraient leur volonté au vœu
du Peuple souverain ; forceraient ce même
Peuple, dont ils deviendraient les arbitres,
d'obéir aux individus qu'il aurait rejettés, en
rejettant eux mêmes les magistrats qu'il aurait
choisis ; feraient enfin ce qu'a fait, à mon égard,
la Municipalité d'Étables, autorisée, ou plutôt,
gouvernée par l'Administration des Côtes- du-
Nord. Et comme la Législature, occupée des
plus grands objets, pourrait facilement oublier
celui là, il arriverait le plus souvent, qu'un
Canton, qu'un Département serait privé, toute
l'année, des fonctionnaires de son choix. Je ne
dis point assez. Il serait possible, en effet, que
cette privation durât deux années toutes en-
tières ; (12) car si le Corps-législatif négligeait
de statuer durant cet intervale, le Peuple n'étant
jamais sûr de l'invalidité de sa première élection,
n'en pourrait faire une seconde avant le temps
prescrit pour les renouvellemens. Certes, il
serait fort étrange que quelques Administrateurs eussent un droit qu'une Assemblée pri-
maire n'aurait pas.

JE crois, CITOYENS DIRECTEURS,
avoir clairement démontré que les deux admi-

---

(12) Deux années pour une municipalité de Canton, et jusqu'à
cinq années pour une administration centrale.

(25)

nistrations dont j'ai tant à me plaindre, ont doublement violé l'article 188 de la Constitution. Il ne m'est pas plus difficile de faire voir, que l'une d'elles a également enfreint l'art. 196.

Cet article vous autorise seuls à *envoyer devant les tribunaux*, les administrateurs soit de Département, soit de Canton. (13) J'étais, je suis administrateur du Canton d'Étables; et l'administration de ce Département, m'a traduit en jugement sans votre aveu.

Cette administration ne voudra sûrement pas convenir de son tort, ou du moins, voudra l'excuser, et je pressens ce qu'elle objectera. Elle dira que, du moment de ma suspension et de l'installation de mon successeur temporaire, je ne pouvais plus être considéré comme Agent de Pordic. Qui sait même si elle ne prétendra pas, qu'attendu le vice allégué de ma nomination, je n'ai pas eu, un seul instant, ce caractère depuis les élections nouvelles? Elle ne manquera pas d'ajoûter, que le fait pour lequel elle m'a dénoncé, n'était, en aucune sorte, un fait d'administration.

____

(13) Cet article porte : « Le Directoire . . . . peut suspendre ou
» destituer immédiatement, lorsqu'il le croit nécessaire, les adminis-
» trateurs, soit de Département, soit de Canton, et les envoyer devant
» les tribunaux de Département, lorsqu'il y a lieu. »

(24)

Si j'ai prouvé que je n'étais ni démissionnaire,
ni destitué, ni même suspendu dans les formes
constituttionnelles, j'ai déjà réfuté ces vaines
allégations. L'Administration départementale
l'a bien senti. Plus éclairée et plus adroite que
la Municipalité d'Étables, elle n'a jamais osé
comme elle me qualifier d'*ex agent de Pordic*.
Elle a trouvé plus court de ne me donner aucune
qualité, et a jugé d'après cela, qu'elle pouvait
me traiter en simple citoyen. (14)

Veut-on que mon titre dormît et que l'Agence
fut, en moi, suspendue au moins par le fait?
Je le nie. Je jouissais encore de la plénitude de
mon droit, à l'époque où les arrétés de l'Administration me fûrent notifiés. C'étaient ces
arrétés là même qui fesaient la force majeure
à laquelle il fallait me rendre. Ils ne pouvaient
avoir d'effet, qu'officiellement connus de moi
et du public. C'est en vertu de mon caractère,
que j'en fis la publication; et en me dénonçant
aux tribunaux, les Administrateurs n'ont nul-
lement critiqué le droit que j'avais de la faire,
mais la manière dont je la fis. Bien plus; ils
m'ont eux mêmes formellement reconnu Agent,
postérieurement à cette époque. En effet, le

____

(14) *Nemo potest adscribere sibi titulum*, est encore une vieille
maxime assez aplicable ici.

premier *considérant* de leur dénonciation, porte en termes exprès, « que sans prendre » d'arrêté sur la pétition du citoyen Minier, du » 8 Prairial, l'Administration lui observa que » la remise, qu'il devait avoir faite en dessous à » l'Adjoint et au Commis-greffier, *ne remplis-* » *sait point ce qui lui était prescrit ; puisque* » *l'Adjoint n'a aucune qualité quand l'Agent* » *est présent, etc.* » Cette disposition renferme un mauvais raisonnement, j'en conviens ; mais elle exprime une reconnaissance bien précise.

Lorsqu'au terme marqué par la Constitution, le Peuple s'est donné de nouveaux fonctionnaires, ceux-ci se trouvent installés, par la seule présentation, au Corps dont ils deviennent membres, du procès verbal d'Élection. (15). A l'instant même, ceux qu'ils remplacent, perdent leur caractère, et ne peuvent exercer le moindre acte public, sans mériter d'être punis, non comme magistrats délinquans, mais comme usurpateurs.

Il n'en est pas ainsi de l'homme que quelques Administrateurs mettent à la place du citoyen constitutionnellement élu. Il n'est réellement installé, que quand l'élu du Peuple s'est volon-

---

(15) Loi du 19 Vendemiaire an 4, Art. 49 et 50.

tairement dessaisi; ou, tout au plus, en raison-
nant dans le système de ses protecteurs, quand
la remise, volontaire ou forcée, des papiers et
régitres, la mis en pleine activité.

La raison de cette différence, est sensible.
Dans le premier cas, la Loi pornonce; dans le
second, l'homme dispose: dans l'un, le tems,
l'endroit, le mode, la cause, tout est fixe, tout
est connu; dans l'autre, le jour, le lieu, les formes, les motifs, tout est arbitraire et caché (16).

Il est donc vrai, il est donc constaté, que j'ai
été dénoncé comme Administrateur et pour
fait d'Administration; que l'Administration
des Côtes-du-Nord m'a envoyé devant les tribunaux, de son autorité privée; qu'elle s'est
arrogé un droit, exclusivement attribué aux
premiers Magistrats; qu'elle a violé, pour la
troisième fois, la Charte constitutionnelle.

MAIS cette triple infraction qui l'expose à
la sévérité des lois, me laisserait peu d'espoir
peut-être, d'obtenir un dédommagement, s'il
était vrai que ma mise en jugement n'eut été
que le fruit d'une erreur invincible.

Si je fais voir, au contraire, qu'elle a été l'effet
du mensonge et de la calomnie, vainement mes

---

(16) On voit qu'il ne s'agit ici que des remplacemens, tels que
celui dont j'ai fait voir la nullité. Ceux que la Constitution autorise,
ont dabord les mêmes effets que les Élections populaires.

dénonciateurs prouveraient qu'ils ont strictement observé les formalités prescrites: ils n'évi-
teraient point de justes représailles, et la rigide
observation des Lois civiles et positives, ne jus-
tifirai pas la violation des Lois encore plus
saintes, de la justice et de l'humanité.

Ici les preuves sont palpables. Les Administrateurs d'Etables mandaient à ceux du Département : « Nous vous annonçons, Citoyens, que
» l'ex-agent de Pordic *n'a fait aucun dépôt de
» régîtres ni de papiers*, ni en cette Adminis-
» tration, *ni aux mains de l'Agent tempo-
» raire* de la dite Commune ». Ils écrivaient
cela le 10 Prairial dernier ; l'Administration
Départementale me dénonçait le 12 ; et depuis
le 7 au moins, leur Agent temporaire fesait,
comme officier public, des actes de naissances,
de mariages et de sépultures. On ne saurait
calomnier avec plus de maladresse et d'impudeur (17).

l'Administration - Centrale (je ne parle plus
de la Municipalité de Canton, car elle est
convaincue) voudrait-elle excuser sa démarche

____

(17) Trois extraits d'actes différens , faits et enrégistrés, à l'époque
citée, par le prétendu Agent en cette qualité , ont été servis au Jury
d'accusation. Ils vont l'être au Directoire. Des preuves de cette nature,
dispensent l'accusateur de tout raisonnement , et ôtent à l'accusé tout
moyen de réplique.

téméraire, sur la confiance qu'elle devait au témoignage d'un Corps constitué? Mais un Corps, quel qu'il soit, pour être présumé plus sage, n'est pas plus infaillible qu'un simple particulier: mais un Corps qui accuse, devient partie, et ne doit pas être cru sur parole: mais la négation de l'accusé, contre-balance, au moins, l'assertion de l'accusateur: mais il n'est ni juste, ni humain, ni permis, de comdamner un homme sans l'entendre; et une accusation solemnelle est déjà une sorte de comdamnation, puisqu'il s'ensuit emprisonnement et violent soupçon de crime: mais en adoptant sans reserve, les inculpations de la Municipalité d'Étables, et en me dénonçant, non pas au nom de cette Municipalité, mais au sien, l'Administration des Côtes-du-Nord est devenue garant des faits, et s'est aproprié la calomnie. J'offrais de la prouver; on ne m'écouta pas. Ma perte était résolue.

OBJET d'une haine implacable dont le motif m'est inconnu, dois-je, en laissant à mes persécuteurs la certitude d'être impunis, fournir à leur tyrannie une raison d'oser davantage? Ils me doivent réparation, et du mal qu'ils m'ont fait, et du mal qu'ils m'ont voulu faire. Que serais-je devenu, grand Dieu! si leurs manœuvres

ssent obtenu l'affreux succès dont ils s'étaient
ttés? Je perdais bien plus que la vie : je perdais
confiance publique qui en fait la douceur, et
onneur qui en est le prix : je terminais mes tris-
s jours dans l'esclavage ; je mourais dans l'op-
obre et dans le désespoir.

Citoyens Directeurs, un grand exemple
nécessaire. Les mêmes attentats se sont mul-
liés : d'autres, élus du Peuple, ont été arbi-
irement arrachés à leurs fonctions, et rem-
acés, par des individus...... je ne veux, ni ne
is les juger; mais les ennemis de la Patrie se
jouissent de les voir en place.

C'est ainsi, c'est en abusant d'une autorité
spectée, qu'on jette le découragement dans le
ur de ces hommes simples, qui ne veulent
être éclairés. C'est ainsi, qu'insensiblement,
les détache d'une Patrie où ils se voient comp-
s pour rien.

Cependant, ce n'est point cette clase dédai-
ée, que deshonorent les factions, les turpitu-
s, les scandales, les intrigans du royalisme, les
ouillons révolutionnaires. C'est chez elle émi-
mment, quand le fanatisme cruel n'y porte
s ses fureurs, c'est là que brillent dans toute
ur pureté, la probité, les mœurs, le vrai pa-
iotisme. Sans ambition, sans faste, sans or-

gueil, bornant ses vœux à la jouissance de la terre qu'il fertilise, le paisible cultivateur chérit la Liberté qui le met à l'abri de l'insulte, qui lui garantit sa sûreté, et qui protége ses travaux. Il aime la République sincèrement, franchement, sans intérêt, sans ostentation, comme il aime ses amis, sa femme, ses enfans, comme il s'aime lui-même. Il observe les Lois, se soumet avec joie à leur joug salutaire, et ne demande, pour prix de son obéissance, que ne n'être jamais vexé.

Tel est l'habitant de campagnes, tel j'ose dire que j'ai toujours été, tels sont, Citoyens Directeurs, tous les habitans de Pordic.

Venez à leurs secours, relevez leur courage abattu par mes malheurs ; qu'ils fassent l'heureuse expérience de cette Egalité de droits, dont on leur a vanté les charmes ; qu'ils apprennent, qu'ils voient *QUE LA LOI EST LA MÉME POUR TOUS, SOIT QU'ELLE PROTEGE, SOIT QU'ELLE PUNISSE,* (18) et qu'aucun citoyen, quelque élevé qu'il soit, n'a le pouvoir de la braver.

CONFORMÉMENT à l'article 196 de l'Acte Constitutionnel, je vous prie, Citoyens Directeurs, de m'autoriser à appeller, ou de citer

---

(18) *Déclaration des droits, Art.* 3.

vous-mêmes devant Tribunal-compétent, les Administrateurs du Canton d'Étables et ceux du Département des Côtes-du-Nord, en réparation, dommages et intérêts; pour m'avoir, en leur qualité d'Administrateurs, irrégulièrement, faussement et calomnieusement dénoncé, traduit et fait juger. Tout ce que j'ai exposé ci-dessus, confirmé par les pièces jointes à la présente pétition, vous a prouvé que c'est justice.

Je n'ai le droit de poursuivre que la réparation de mon injure personnelle. C'est à Vous, Magistrats suprêmes, de venger les atteintes portées à la Constitution.

JULIEN MINIER. L: BIENVENUE

Déffenseur officieux.

A LAMBALLE,
Chez Gabriel BOUREL, *Imprimeur.*

Fructidor An V.